Na trilha da VIDA

Ilustrações
Carlos Filipe França

Poesias
Rosa Ramalho

Dados Internacionais de Catalogação na Publicação (CIP)
Angélica Ilacqua CRB-8/7057

França, Ágda
Na trilha da vida / Ágda França ; poesias de Rosa Ramalho ; ilustrações de Carlos Filipe França. - São Paulo : Paulinas, 2023.
72 p. ; il. (Verbis)

ISBN 978-65-5808-217-0

1. Literatura infantojuvenil 2. Conduta de vida 3. Relações humanas
I. Título II. Ramalho, Rosa III. França, Carlos Filipe

23-2106 CDD-028.5

Índice para catálogo sistemático:
1. Literatura infantojuvenil

1ª edição — 2023

Direção-geral: *Ágda França*
Editora responsável: *Andréia Schweitzer*
Assistente de edição: *Fabíola Medeiros de Araújo*
Copidesque: *Mônica Elaine G. S. da Costa*
Revisão: *Sandra Sinzato*
Coordenação de revisão: *Marina Mendonça*
Gerente de produção: *Felício Calegaro Neto*
Capa e produção de arte: *Elaine Alves*

Cadastre-se e receba nossas informações
www.paulinas.com.br
Telemarketing e SAC: 0800-7010081

Paulinas

Rua Dona Inácia Uchoa, 62
04110-020 – São Paulo – SP (Brasil)
Tel.: (11) 2125-3500
editora@paulinas.com.br

Aos meus sobrinhos Carlos Filipe e Ana Clara,
uma herança do coração do que a vida me ensinou.

Sumário

Prefácio

Sou um apaixonado pela vida! Ela me fascina, me encanta e me desafia, sempre... Assim, como a vida, esta obra logo me "fisgou" e já me deixou apaixonado em suas primeiras páginas, pois manifestou a identidade da autora transmutada nesta produção.

Sabemos que algumas obras revelam tanto do autor que dá para "tocar a alma deste"; afinal, é difícil esconder-se nas palavras... Nesse caso, a autora revela-se nas sombras e nos reflexos da protagonista (Clara) e em suas inter-relações com a família e os amigos da escola. Toda essa beleza de ser, de sentir e de se aventurar, agora, já não mais lhe pertence. Pertence àqueles que, como eu, bebem na fonte de sua inspiração e do seu caminhar percorrido ao longo desta trilha.

De forma pessoal, tenho consciência de que é possível trilhar a vida com realização, porque temos a contribuição e o envolvimento de muitas pessoas. Como afirmava o poeta e cantor Gonzaguinha: "Toda pessoa sempre é a marca das lições diárias de outras tantas pessoas". E, sem dúvida alguma, com maestria, Ir. Ágda vai nos "marcar", mostrando-nos que em cada gesto, cada semente, há uma vida inteira... Que caminhar na trilha pode ter até uma ordem, mas nada impede de se ter o próprio ritmo –

o próprio passo – e, ao mesmo tempo, enamorar-se por ele, sem medo de sentir o sabor doce ou amargo de cada experiência.

A vida é assim... Expressa em sua própria descontinuidade, na busca de ser feliz e deixar um legado para quem amamos. E você, querida Ir. Ágda, neste momento nos dá um grande presente: a possibilidade de seguirmos nossa trilha da vida – como seres humanos melhores a partir da leitura deste livro.

Muito obrigado! Com todo meu afeto e admiração,

seu irmão,

AMARO FRANÇA

Apresentação

Esta é uma história composta com a colaboração de tantas outras. É a trilha desbravada e percorrida conforme a graça do momento.

A trilha de nossa vida é fruto de muitas contribuições. Quanto maior o trajeto, mais oportunidades temos de aprender com o desafio cotidiano de ser humano.

Nessa trajetória, temos marcos que nos recordam a mudança de etapa. Passamos da infância à juventude em busca de independência e sonhos. Com as responsabilidades da vida adulta, buscamos nossa continuidade, uma forma de eternidade.

Assim, na aventura da trilha da vida, cultivamos uma herança, não de valores financeiros, mas de vivências construídas em meio aos desafios cotidianos, com fé, esperança e amor. É essa herança que repassamos como dom, memória de nosso afeto por aqueles que amamos.

Capítulo I

Expectativa

Sem pretensões,
abraçar o novo
e deixar-se envolver por inteiro.
Sair do lugar-comum
sabendo que aquilo que nos pesa
não nos pertence.
A liberdade está em saber deixar e partir.
Partir.
E, por fim, deixar-se surpreender.

ROSA RAMALHO

VAMOS ACAMPAR!

Estávamos todos eufóricos... Finalmente iríamos acampar. As turmas anteriores que a nossa do 9º ano voltavam do acampamento com muitas histórias e alegria. Passamos o ano letivo sonhando com esses dias... E, agora, seria a nossa vez! O meu colégio era dirigido por freiras e organizava anualmente, apenas para o 9º ano, o que chamava de "acampamento: uma aventura para a vida".

Para falar a verdade, não sabíamos quase nada sobre esse evento. Para muitos de nossa turma, de quase trinta estudantes, era a primeira vez que iríamos dormir fora de casa, longe dos pais... E, o pior, sem acesso à internet.

Eu, Clara, bem como a maioria de meus colegas, vivíamos colados em nossos smartphones. Reclamamos, argumentamos, imploramos e até fizemos promessas ao coordenador do acampamento para liberar-nos dessa exigência. Não teve jeito. A decisão era imutável: o acampamento ou os equipamentos eletrônicos.

Nossos pais também pediram ao Lucca, nosso coordenador, para nos deixar levar nosso "companheiro inseparável", pois era o meio de manter comunicação conosco. Mas a negativa definitiva de Lucca quase acabou com nosso acampamento antes mesmo de começar.

Bem... É preciso admitir... Já não somos mais crianças e sabemos que não adianta espernear ou choramingar para conseguir o que queremos. Eu não sabia ainda, mas essa era a primeira escolha que estava fazendo antes de entrar na dinâmica do acampamento.

Diante desse impasse, nossa frustração foi quase geral. Como não postar fotos das belas paisagens que nos contaram ter. Como não tirar *selfies* com os amigos para compartilhar nossas aventuras? Não falaríamos com nossos pais por três dias?... Hum... Comecei a pensar que talvez isso não fosse tão ruim. Afinal, seriam três dias sem reclamações de minha mãe e sem o controle de meu pai. Já estava

me acostumando com a ideia, embora não estivesse muito convencida ainda.

Lucca, o coordenador, deu-nos as orientações básicas iniciais. Primeiramente, alertou-nos de que não éramos um grupo de escoteiros mirins, treinados para sobrevivência em acampamento. Portanto, ele não esperava de nós a audácia de metermos as mãos pelos pés em lugares inseguros. Assim, chamou-nos ao pacto de responsabilidade individual e com o outro. Segunda orientação: faria parte de nosso material de acampamento uma Bíblia. Não importava se era uma versão católica ou evangélica. Quem não tivesse uma Bíblia própria poderia pegar emprestada na biblioteca da escola.

Meu colega Miguel logo resmungou: "É só um peso a mais para carregarmos. Poderíamos acessar no smartphone, se nos deixassem levá-lo". Mas, terminantemente, eletrônicos estavam proibidos.

Nossos pais ou responsáveis receberam a carta de orientação para preparar nossa viagem. O lugar do acampamento ficava a cerca de quatro horas de nossa cidade. Não precisariam preocupar-se com alimentação, nem mesmo com roupas de cama. Bastava o mínimo de roupa e material de uso pessoal. Todo o resto necessário estava a cargo da organização do colégio. Ah! Quase me esqueci... Eles também receberam uma tarefa secreta para cumprir nesses dias de nossa atividade extra.

Quebradas as primeiras resistências, nossa curiosidade e imaginação juvenis ganharam asas. Chamei meus colegas mais próximos, amigos do coração: Paulo, Gabi e Filipe, e nós nos inscrevemos como esquadra "Feliz" para todas as iniciativas desses dias.

Esqueci-me de contar, mas nem tudo foi imposição. Ficamos livres para formar grupos de quatro estudantes, chamadas "esquadras", para desenvolver juntos as atividades. Naquele momento, só sabíamos disso. Todo o resto nos seria apresentado no acampamento.

Dessa forma, a afinidade amigável que trazíamos na convivência escolar não era quebrada. Eu só não sabia que ela seria testada... Mas isso é outra parte da história.

A VIAGEM

Chegou o dia de partir. Às 5h em ponto o ônibus sairia da frente do colégio rumo ao "Acampamento São Paulo Apóstolo". Quase não dormi à noite, com receio de perder a hora... Às 2h eu já estava de pé, mexericando na mochila para ver se tinha tudo o que era permitido levar. Isso sem contar que já tinha trocado mensagem e feito o último *post* (meu e de minha mochila), antes de me separar do quase inseparável smartphone. Não o segurar entre os dedos era como se me faltasse parte do corpo. Nem preciso dizer que nessa madrugada ninguém lá em casa conseguiu mais dormir. Minha ansiedade e euforia desestabilizaram o sono de todos.

Meu pai, sempre muito metódico e pontual, já estava com o carro ligado à minha espera. E minha mãe acompanhava com um sorriso toda a minha agitação. Dei-lhe um beijo e entrei no carro. Quando estava me ajeitando para colocar o cinto de segurança, dei um grito desesperado, pois eu havia esquecido um item da lista. Justamente o que não poderia ser deixado para trás, segundo o Lucca.

Saí correndo à procura da minha Bíblia. Revirei minha estante de estudos e finalmente a encontrei. Havia sido um presente de minha madrinha Rosa. Nem tive tempo de tirar a poeira dela... Acho que só a peguei no dia da Primeira Eucaristia e, depois, era como uma decoração na minha estante. Aos poucos, até o lugar de destaque ela perdeu para meus livros escolares.

Mais um beijo de despedida em minha mãe e saímos rumo à escola. Apesar desse imprevisto de última hora, chegamos a tempo. Mal me despedi de meu pai e entrei correndo no ônibus. A turma estava agitada. Também como eu, meus colegas não tinham conseguido dormir. Falávamos ao mesmo tempo, repassávamos as orientações dadas por nossos pais e até imitávamos o modo que eles nos pediam para nos comportarmos. O dia foi clareando e o cansaço, nos vencendo... Aos poucos silenciamos e dormimos abraçados às nossas mochilas.

Senhor Antônio, o motorista do ônibus do colégio, já estava acostumado com a bagunça que os estudantes faziam e sabia que, mais cedo ou mais tarde, reinaria um pouco de paz para seus ouvidos.

A equipe que nos acompanharia nesses dias era formada por Lucca, coordenador do projeto do acampamento; Sueli, nossa professora de Português; Diego, o instrutor de TI, e Dona Lila, a senhora da cantina que faria as refeições para nós.

NOSSO DESTINO

Acordamos com o ônibus parando e um sino tocando próximo aos nossos ouvidos. Havíamos chegado ao nosso destino. Agora, já estávamos menos eufóricos e apreensivos, só mais curiosos. Aos poucos, cada um de nós se dava conta da novidade que aparecia.

Descemos do ônibus e, para nossa surpresa, estávamos mesmo diante de um mosteiro construído com pedras brancas e de portas e janelas em madeira rústica. Um banco de madeira comprido estava próximo à porta de entrada, no alpendre.

Para nos trazer à realidade, Lucca deu três toques em um sino que se encontrava na lateral da entrada principal. O sino não era tão grande, mas tinha uma sonoridade estridente. Esse som seria nossa referência de recolhimento no acampamento. Lucca nos explicou que o toque do sino deveria ser atendido imediatamente. Olhamos ao redor, tentando fazer o primeiro reconhecimento da área, e aguardamos a liberação para sairmos em busca de aventuras.

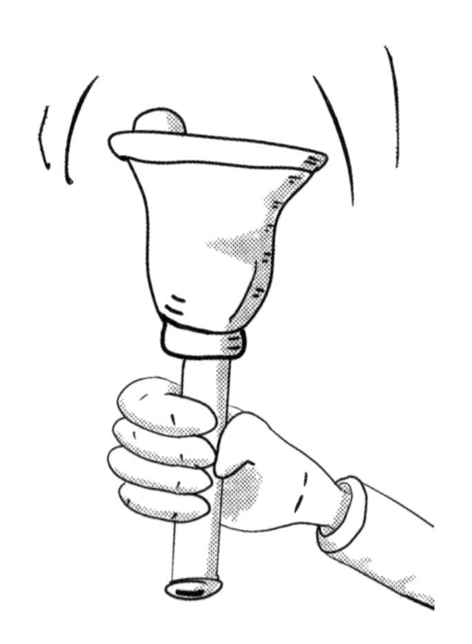

Capítulo II

Redirecionamento

Na pequena semente
está escondida
uma vida inteira.
Uma força que é
alimento e transformação
para quem sabe esperar
e acredita que a vida
é feita de processos
e surpresas.

ROSA RAMALHO

AS PRIMEIRAS IMPRESSÕES

Vou chamar de "frustração" todas as vezes que as coisas não foram como eu queria, imaginava ou desejava. Eu, como meu pai, também gosto das coisas com clareza. Daí minha primeira frustração: não ter definido o itinerário do que faríamos nesses três dias de acampamento. A segunda frustração foi que não dormiríamos em sacos de *camping* nem em cabanas ao relento. Eu me perguntava que tipo de acampamento era aquele, se não iríamos dormir no campo? Terceira frustração, e olha que fazia pouco tempo que tínhamos chegado: a esquadra Feliz, da qual eu fazia parte, tinha sido convocada para ficar no alojamento, colocando-o em ordem, enquanto as outras esquadras recebiam suas primeiras tarefas aventureiras.

Meu primeiro impulso foi reivindicar uma nova ordem das tarefas. Porém, contive-me a tempo e fiquei calada, recordando que foi espontaneamente que eu tinha me inscrito para esse evento e aceitado sem reservas participar de todas as atividades propostas para as esquadras.

Não de bom grado nem com uma cara muito amigável, iniciamos nossa atividade número 1. Lucca, como experiente orientador de esquadras, fazia anotações e observava nossas reações no desenvolvimento das tarefas, com um olhar perspicaz e benevolente. Dona Lila já mexia nas panelas e fogão para preparar nossa primeira refeição no mosteiro.

A professora Sueli e o Diego acompanharam as outras esquadras nas atividades externas. A esquadra Feliz agora mais parecia a esquadra Resmungona... Achávamos defeito e problema em tudo. Por sorte, a Gabi, com seu otimismo, conseguiu fazer poesia dessa situação que nos chateava e nos fez sorrir ao declamá-la:

O que seria de nós se, nos nós da mesa de madeira,
não tivesse pó?...
Seríamos só o pó de pobreza,
pois nem mesmo teríamos o que fazer.

E continuou criando seus versos, no estilo de haicais[1] – aprendidos nas aulas da professora Sueli –, e desafiando-nos a criar os nossos próprios.

Filipe, como um bom observador, olhou para a velha porta que rangia e arriscou os seus versos:

Vejo a velha porta a ranger...
ela é de entrada ou de saída?
Depende de mim o que ela vai ser.

---

[1] Poema de origem japonesa, tradicionalmente com estrutura fixa, tem em alguns escritores modernos um padrão de sílabas mais flexível.

Agora, Paulo era o desafiado. Ele olhou para as panelas de Dona Lila e declamou com a vassoura em mãos:

De panela em panela, Dona Lila espera –
e nós mais do que ela – a hora de esvaziá-las,
preenchendo o vazio de nossas barrigas.

Não nos controlamos com os risos, pois, entre nós, o Paulo sempre foi o mais comilão.

Gabi gritou: "Clara, é sua vez de fazer os versos". E eu, timidamente, pois não era muito afeita à imaginação, esforcei-me com os olhos, procurando algo que me inspirasse a cumprir o desafio. Vi uma imagem de um santo com uma espada e uma Bíblia na mão (depois fiquei sabendo que era São Paulo), em um balcão lateral da sala principal, e arrisquei meus versos:

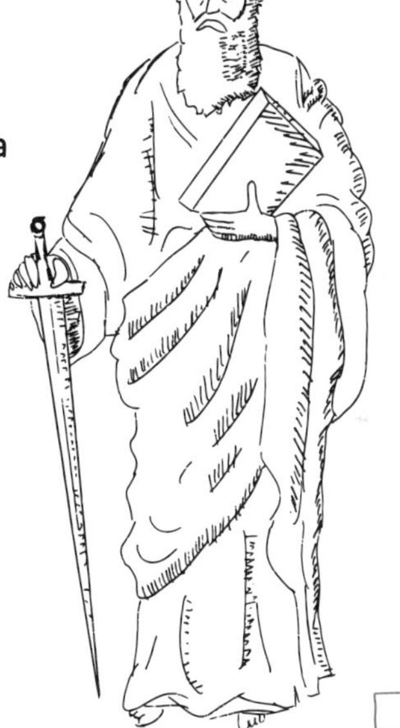

Tem uma imagem de santo, que a
santidade contém.
Será que um dia chegaremos
a ser como ele também?

E, de verso em verso, cumprimos nossa primeira atividade no acampamento.

O sino estridente convocou a turma para o almoço. As esquadras retornaram cheias de histórias e famintas. A esquadra Feliz ainda aguardava a oportunidade de desbravar o local do acampamento. Já sabíamos da trilha, do lago, do barco, do balanço... Éramos novamente só ansiedade! Dessa vez, o Lucca não nos decepcionou e liberou o quarteto para as primeiras aventuras em área externa.

PLANTANDO PARA OS OUTROS

Fazíamos uma primeira inspeção no mapa do terreno do acampamento, já imaginando nossa sequência de investidas. Então, o Diego aproximou-se de nosso grupo com pás e enxadas nas mãos. Solenemente, ele nos disse: "Esquadra Feliz, partamos para nossa segunda atividade da jornada!".

Filipe, admirado, me olhou e, como sempre, eu me atrevi a questionar o que não entendia. "Ei, Diego, como assim? Não estávamos liberados pelo Lucca para conhecer o terreno do acampamento?". Diego simplesmente nos falou: "Mudanças de planos: a ordem é seguir para a roça".

Novamente, a esquadra Feliz em pouco tempo se transformava na esquadra Resmungona. Entre reclamações

e questionamentos, saímos arrastando as pás e enxadas até a roça. De forma quase inocente, Gabi perguntou: "O que faremos aqui?". Eu mesma respondi bruscamente: "O óbvio, plantar!".

Diego já estava acostumado com as reações das esquadras que ele acompanhava até a roça. Por isso, não se preocupava em rebater nem dar explicações. Apenas, deu-nos as instruções: "Atenção, componentes da esquadra Feliz! Vocês têm três horas para fazer os buracos, colocar as sementes e fechá-los, conforme vou lhes mostrar. Lembrem-se! Se a tarefa não for cumprida a contento, vocês retornarão para refazê-la. Por isso, é muito importante o trabalho sincronizado em equipe".

Nenhum de nós jamais havia pegado em uma enxada, nem mesmo plantado algo. Éramos nascidos e crescidos na cidade. Tudo o que chegava a nossa mesa era comprado em supermercados e feiras de ruas.

A essa altura do primeiro dia, eu já estava quase arrependida de ter ido para aquele acampamento, pois, até aquele momento, nada era próximo do que meus colegas e eu imaginávamos. Já era tarde para o arrependimento. Que chato! Ainda precisávamos suportar mais dois dias até voltarmos para casa.

Assim, meio atrapalhados com os equipamentos, iniciamos o plantio das sementes de feijão. O sol ainda era forte e o suor escorria pelo nosso rosto. Nossa teimosia ou irritação juvenil não era maior do que o medo de sermos chamados de fracassados, caso não cumpríssemos a atividade.

Exaustos, no limite do tempo e de nossas forças, completamos a tarefa. Quase arrastando os pés, já nos dirigíamos para casa, quando Diego nos deu a segunda atividade da tarde: "Parabéns, esquadra Feliz! Vocês estão liberados para vistoriar a área do acampamento, até que o toque do sino os convoque para retornar ao alojamento".

Um meio sorriso surgiu em nossos rostos e corremos desenfreadamente em direção ao lago. Deitamos na grama o tempo suficiente para refazer nossas forças e imediatamente combinamos de procurar a trilha.

Fazer a trilha, sem dúvida, seria o melhor de nosso acampamento. Mas já estava escurecendo e logo o som do sino chegou aos nossos ouvidos. Esse som nos trouxe à realidade. Existia liberdade, mas também havia controle.

Voltamos ao mosteiro. O cansaço também atinge as forças jovens. Precisávamos de um bom banho, comida e descanso para enfrentar o segundo dia de nosso acampamento.

Dona Lila não deixava que ninguém se aproximasse do prato sem antes agradecer aos que contribuíram para que o alimento chegasse até nós. E ela estava incluída, claro (risos). Nossa surpresa foi saber que a mandioca pronta para saborearmos tinha sido plantada, no ano anterior, por nossos colegas de escola, durante o acampamento.

Compreendemos que, no próximo ano, a turma seguinte à nossa comeria do feijão que havíamos plantado naquela tarde. Sabe que eu me senti orgulhosa da tarefa cumprida! No próximo ano, todos saberiam que o feijão caudaloso preparado por Dona Lila tinha sido plantado pela esquadra Feliz. Gabi, para enobrecer ainda mais nosso feito do dia, declamou mais um verso improvisado:

Com Dona Lila, aprendemos mais uma lição:
da mandioca ao feijão,
tudo passa por suas mãos.

TERMINANDO O DIA SEM ENXERGAR

Louça lavada e mesa preparada para o café da manhã. Ufa! Concluímos nosso primeiro dia. Seria o momento oportuno para conversar com nossos pais e amigos pelas redes sociais… Hum, foi um devaneio. Nossos eletrônicos encontravam-se a mais de 400 km do acampamento. Então, a alternativa era ir para cama e dormir. Porém, Lucca disse que tinha mais uma atividade, dessa vez, individual. Pediu que permanecêssemos na sala para ele contar uma história.

Já estávamos acostumados com as histórias do Lucca. Ele era um bom intérprete e contador de "causos". Dessa vez, resolveu nos contar a história do santo que dava nome ao nosso acampamento: São Paulo Apóstolo. E começou a narrativa imitando um cavaleiro à frente de um grupo armado, avistando um lugar chamado Damasco. Foram mais ou menos essas palavras que ele usou: "Sigamos em frente, pessoal! Já estamos quase chegando à cidade de Damasco. Encontremos todos os seguidores do Caminho para levá-los presos a Jerusalém". O líder desse grupo era Saulo de Tarso, que aparentava raiva e determinação.

E Lucca continuou a história: "Na estrada, repentinamente, uma luz muito forte apareceu, e Saulo caiu por terra. Uma voz vinda do céu falou com ele: 'Saulo, Saulo, por que você me persegue?' E Saulo, debatendo-se no chão, perguntou: 'Quem és tu, senhor?'. A resposta foi surpreendente: 'Eu sou Jesus, a quem você está perseguindo' (porém, Jesus já tinha sido crucificado). Os companheiros de viagem de Saulo viram que ele falava com alguém, mas não entendiam a conversa. Quando se deram conta, Saulo estava cego. Ninguém compreendeu o que tinha acontecido. Pegaram-no pela mão e o levaram a uma hospedaria, que ficava na rua Direita. Uma vez que seu líder não podia mais ver, o grupo voltou para casa e deixou Saulo em Damasco".

Quando terminou de contar essa história, Lucca disse que a atividade individual era pegar nossa Bíblia e ler uma das passagens do livro dos Atos dos Apóstolos, que narrava a história de São Paulo Apóstolo. Ele nos entregou um papelzinho com a citação bíblica do livro de Atos (At 9,1-19) e nos mandou para a cama.

Deveríamos ir até o quarto de olhos fechados. Saímos tropeçando nos móveis e batendo uns nos outros em meio a gargalhadas. Ah! Todos fizemos a leitura, pois sabíamos que, no dia seguinte, Lucca iria nos cobrar.

Espera um pouco... Quase me esqueci de falar da atividade secreta de nossos pais ou responsáveis. O primeiro dia deles sem a nossa presença foi supersossegado. A tarefa deles era "esquecer" que nós existíamos na face da Terra. Deveriam fazer as coisas de rotina, como ir ao supermercado, arrumar a casa, trabalhar normalmente e, se possível, sair para passear. No caso dos meus pais, achei que eles tirariam de letra esse desafio. Afinal, não me teriam por perto mexericando nem precisariam cobrar para eu fazer minhas lições de casa. Já que eu sou filha única, eles se sentiriam como solteiros. Nem sentiriam minha falta. Estariam livres e felizes. Foi isso o que imaginei.

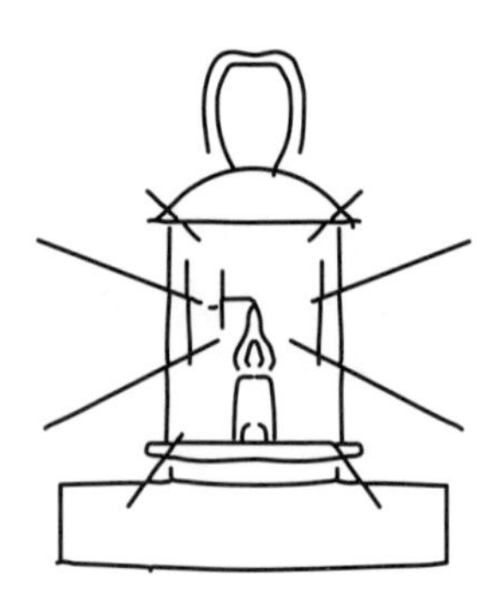

Descoberta

Um passo após o outro.
Mas que outro senão o mesmo
em outra direção?
Caminhar tem uma ordem.
Escrever tem uma precisão.
Mas se pode escrever com poesia e caminhar
enamorando-se de cada passo.
A vida nos permite isso,
nos deixa esta liberdade.

ROSA RAMALHO

NOSSOS OLHOS SE ABREM... É UM NOVO DIA!

Hora do café da manhã e começa a sabatina para ver se a tarefa noturna tinha sido cumprida.

Professora Sueli tinha uma sacola nas mãos e começou o sorteio de perguntas. Estávamos acostumados com esse método na escola, sempre que estudávamos um texto importante. Quem acertasse a resposta primeiro, receberia um bombom. E bombom é sempre bom!

Então, enquanto tomávamos nosso café com leite, mantínhamos nossos ouvidos e olhos atentos para o sorteio. Precisávamos ser ágeis para responder.

Vale dizer que o Lucca não tinha contado a história completa sobre Saulo. Ele deixou que nós a lêssemos na Bíblia.

E começou a sabatina... "Quantos dias Saulo ficou cego?" Miguel, mais que depressa, deu a resposta certeira: "Três dias". "O que Saulo fez nesses três dias de cegueira?" Ana, com muita agilidade, falou: "Ele só rezava, não comia nem bebia". Terceira pergunta: "Quem curou a cegueira de Saulo?". Dessa vez, eu fui a mais rápida e gritei: "Um homem de nome Ananias".

A última pergunta exigia um pouco mais de conhecimento, pois não estava ligada diretamente ao texto indicado. Por isso, quem soubesse responder ganharia dois bombons.

Fez-se um breve silêncio... Todos estavam atentos. *Ops*, quase todos. E, bem devagar, a professora Sueli perguntou: "Quem falou com Saulo na estrada de Damasco, o que essa experiência mudou em sua vida e qual o nome que ele assumiu?".

"Ah, professora, assim é demais... Ninguém vai ganhar dois bombons. Essas respostas não estavam no texto que lemos." E a turma pedia para trocar a pergunta. Mas nosso amigo Paulo, logo depois de uma mordida no sanduíche, levantou-se decidido e deu a resposta: "Foi Jesus Ressuscitado que falou com Saulo. Depois desse encontro no caminho de Damasco, Saulo deixou de ser perseguidor dos cristãos, passou a seguir Jesus e mudou seu nome para Paulo".

"Resposta correta!", exclamou de modo vibrante a professora Sueli. E, com o aplauso de todos, nosso amigo recebeu o prêmio.

Como nosso colega Paulo sabia de tudo isso? Sua tia Cátia havia lhe contado a história do santo que deu origem ao seu nome.

Ao final da brincadeira, todos ganharam um bombom. As perguntas eram só uma forma de nos desafiar e motivar.

ENFRENTANDO O INESPERADO

As esquadras estavam prontas para as atividades, e foi um sufoco para o Diego controlar nossa ansiedade antes de dar a partida.

As esquadras Arco-Íris e Horizonte deveriam seguir a trilha, e as esquadras Feliz e Desbravadores estavam destinadas ao lago. Mais uma vez, não ficamos muito satisfeitos e por pouco não nos tornamos outra vez a esquadra Resmungona.

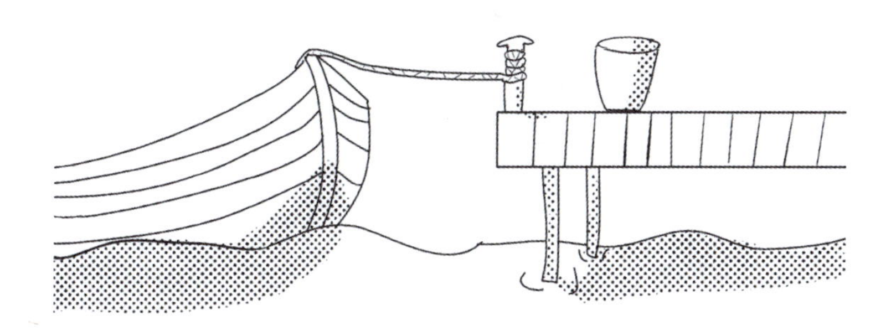

Nossa atividade no lago era de pescaria. Teríamos um prazo razoável para pescar e trazer o peixe que iria para as panelas de Dona Lila se transformar em um delicioso ensopado.

Apesar de resmungona, nossa esquadra tinha senso de responsabilidade com o compromisso assumido. Remamos lago adentro, preparamos nossas iscas e jogamos o anzol na água. Em princípio, tagarelávamos continuamente, às vezes falando de nossos colegas, outras vezes reclamando de nossos professores e, ainda, rindo com as imitações e piadas ditas pelo Paulo.

Observamos que a esquadra Desbravadores, que estava a cerca de dez metros da nossa, parecia mais concentrada e, vez por outra, puxava o anzol com um peixe. Demo-nos conta de que nossa tagarelice espantava os peixes. Era preciso concentração e paciência. Nossa língua coçava com vontade de falar, mas o pacto do silêncio precisava imperar, se quiséssemos apanhar algum peixe e garantir o ensopado de Dona Lila. A essa altura, nem imaginávamos que esse exercício forçado de silêncio era apenas um treino para o que nos aguardava mais tarde.

Apesar de nos parecer uma atividade monótona, a pescaria nos deixou um grande ensinamento: renúncia momentânea de coisas boas pode nos dar algo melhor. O fruto da paciência, da atenção e do silêncio nos deu peixes.

Retornamos ao alojamento com nossos troféus em mãos. Ajudamos Dona Lila com a limpeza dos peixes, pois o ensopado prometia valer a pena todo o esforço feito.

PRONTOS PARA A TRILHA!?

Finalmente, com a recomendação de levar água e a Bíblia, chegou a nossa vez de enfrentar os desafios da trilha. Até o Filipe, que era mais contido, estava agitado com sua imaginação de artista fluindo. Ele falava do que encontraríamos no trajeto, das espécies de pássaros coloridos e até de possíveis serpentes que poderiam atravessar nosso caminho.

Esse tipo de comentário deixou a Gabi com medo. E, se não fosse pela insistência e bravura demonstradas pelo Paulo, não teríamos partido para a expedição com a esquadra completa. Na realidade, isso não seria possível, pois nenhuma esquadra poderia cumprir sua atividade se todos os membros não participassem. Quando eu percebi o temor da Gabi, deu-me vontade de puxar as orelhas do Filipe para ele se calar.

Imaginem só... A trilha era para nós a atividade mais esperada. Nem pensar em perder a oportunidade. Assim, confiantes, adentramos na mata. Em quase todo o percurso da primeira etapa, andamos em fila indiana, pois os caminhos abertos eram bem estreitos. Ora Paulo tomava a dianteira, ora Filipe assumia a liderança. Como já conhecíamos a insegurança da Gabi, evitamos que ela ficasse por último na fila, deixando-a ocupar sempre a segunda ou terceira posição.

PRIMEIRO TRECHO
O AMOR NOS CIRCUNDA

O primeiro trecho da trilha era íngreme e escorregadio. Paulo limpava os matos o máximo que conseguia, para ajudar-nos no trajeto. Quando finalmente chegamos ao primeiro poste indicador, encontramos um saco com um papel dentro. Olhamos o escrito e demoramos um pouco para entender que a trilha tinha instruções-surpresa a serem seguidas. Aparentemente, até aí era razoável. Porém, maior foi nossa surpresa ao descobrir que a indicação era feita com "charadas", melhor dizendo, com desafios bíblicos. Se não os desvendássemos, não teríamos como seguir em frente.

Como de costume, eu comecei a reclamar, ou resmungar (se preferir assim): "Onde já se viu colocar limite na trilha?! Ainda mais, temos que consultar a Bíblia para desvendar a charada... Melhor que tivessem colocado uma anedota ou adivinhação".

Paulo, nosso líder do primeiro trecho, tomou a dianteira e disse que era melhor nos esforçarmos para resolver a charada, caso não quiséssemos retornar logo para o alojamento, pois reclamar não iria mudar a situação. A pista era a seguinte:

No caminho de Damasco, Jesus me conquistou.
Por causa dele, tornei-me evangelizador
e deixei nos meus escritos o hino ao amor.

De início, achamos que a pista era sem sentido, não sabíamos nem como procurar ajuda. Gabi observou que tinha uma indicação com letras pequenas. Estava escrito:

Fonte de pesquisa: cartas paulinas.

Nossas Bíblias tinham introduções explicativas antes dos textos. Procuramos as cartas paulinas e descobrimos que nem os estudiosos sabiam ao certo quais eram. Falavam em quatorze escritos, mas só sete cartas eram reconhecidas como de autoria de São Paulo. E, agora, como saber?

Eu tive uma ideia: "Toda charada precisa ser lida com bastante atenção e também tem uma lógica na sua solução.

Portanto, devemos partir do que é consenso dos estudiosos, isto é, a resposta deve estar em uma das sete cartas de São Paulo".

Rapidamente, dividimos os escritos entre nós: "Paulo, olhe a Carta aos Romanos, que é o maior dos escritos. Filipe, procure na Carta aos Filipenses e em 1 Tessalonicenses. Gabi, veja as duas cartas aos Coríntios e eu fico com Gálatas e Filêmon".

Então, combinamos de dar uma olhada nos subtítulos das cartas de São Paulo em busca da solução.

Tinham se passado quase trinta minutos, quando, de repente, a Gabi gritou: "Achei, achei a resposta. O Hino ao Amor está na Primeira Carta aos Coríntios, capítulo 13 (1Cor 13,4-5; 13).[2] E ela leu alguns trechos para nós:

> **O amor é tolerante, é benévolo o amor. Não é invejoso, não se ostenta, não se incha de orgulho... Não se alegra com a injustiça, não busca seu próprio interesse, não se irrita, não leva em conta o mal... Agora, permanecem fé, esperança, amor, estas três coisas; mas a maior delas é o amor.**

Todos vibramos muito com a descoberta e, mais que depressa, retomamos nossa caminhada pela trilha.

[2] Todas as citações bíblicas são de *A Bíblia – Novo Testamento*. São Paulo: Paulinas, 2015.

SEGUNDO TRECHO
PRONTOS PARA SOMAR

Andávamos apreciando a natureza com a qual não tínhamos tanto contato na cidade. Tudo era motivo para fazer nossas observações.

Entre gracejos e olhos atentos, completávamo-nos com os comentários. De fato, nossa esquadra tinha uma sintonia conquistada pelos laços de amizade. Foi muito gratificante perceber que, mesmo com nossas diferenças e divergências, no final buscávamos o consenso.

Éramos colegas de classe desde os primeiros anos escolares. Na convivência diária, aprendemos o respeito e o valor da amizade. Agora, tínhamos laços de irmãos de coração, laços de amor.

Quando acontecia alguma desavença no grupo, logo um de nós tomava a iniciativa para reatar a paz. Essa afinidade só favorecia ver a beleza da trilha que se descortinava à nossa frente. Eu olhava as árvores frondosas, o Filipe admirava os pássaros, Gabi prestava atenção nas delicadas flores do trajeto e Paulo estava atento aos animais que se moviam nas proximidades por onde passávamos.

Esse segundo trecho da trilha não foi tão difícil. Logo encontramos um poste de indicação de meta com a segunda charada ou desafio a ser resolvido. Nossa resistência diante da prova já estava quebrada. Filipe tomou a dianteira e leu-nos a pista:

> **A vida é construída por muitas mãos... Nada do que existe é em vão. O que precisa é da sua colaboração.**

Lemos e relemos a charada, tentando buscar algum entendimento. À primeira vista, o texto parecia indecifrável. Não tínhamos a menor ideia do que seria ou para que serviria tal expressão.

Observamos o detalhe da fonte de pesquisa... Novamente, precisaríamos buscar na Bíblia a resposta. Ao menos dessa vez nos tinham dado uma fonte direcionada, com a observação de comentar entre nós o que havíamos achado dos dois textos. Eram citações das cartas de São Paulo.

Filipe leu o primeiro texto em voz alta. Era da Primeira Carta aos Coríntios (1Cor 12,14-20): "Ora, o corpo não é um só membro, mas muitos. Se o pé disser: 'Porque não sou mão, não sou do corpo', nem por isso deixa de ser do corpo. E, se o ouvido disser: 'Porque não sou olho, não sou do corpo', por isso não é do corpo? Se todo o corpo fosse olho, onde ficaria a audição? Se todo o corpo fosse ouvido, onde estaria o olfato? Assim, Deus pôs os membros, cada um deles, no corpo como desejou. Pois, se todos fossem um só membro, onde estaria o corpo? No entanto, há muitos membros, mas um só corpo".

Em seguida, eu li a indicação da Carta aos Romanos (Rm 12,4-8): "Assim como em um só corpo temos muitos membros, e os membros não tem a mesma função, assim também nós, sendo muitos, somos um só corpo em Cristo, e somos, cada um, membros uns dos outros, tendo, porém, diferentes carismas segundo a graça que nos foi concedida...".

Em nossas aulas de Português, a professora Sueli sempre trabalhava interpretação de textos. Por isso, foi fácil comentar entre nós o que tínhamos acabado de escutar e relacionar com a expressão do desafio.

É isso, matamos a charada... A vida é dada para construirmos juntos. E, como na trilha, temos os desafios, os fracassos e as alegrias conquistadas.

Mais que depressa, levantamo-nos para cumprir a terceira e última etapa da trilha.

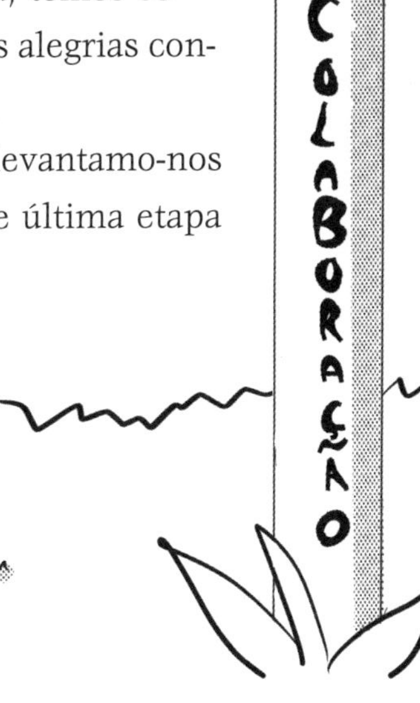

TERCEIRO TRECHO SEMPRE A CAMINHO

Para nossa surpresa, o trajeto era de descida, com pedras escorregadias, e exigia bastante cuidado para não nos machucarmos. Em vários trechos precisamos nos dar as mãos para ter mais segurança. Gabi, que era a mais leve entre nós, teve mais agilidade para buscar os melhores lugares de apoio e assumiu a liderança da esquadra. Assim, a seguimos cuidadosamente e chegamos a uma caverna. Nem tivemos tempo para apreciá-la, pois se fez ouvir o sino estridente nos chamando para a civilização.

Seguindo o som do sino, encontramos a saída da caverna e o último poste de indicação. Dessa vez não tinha charada. Apenas estava escrita uma frase da Segunda Carta de São Paulo a Timóteo (2Tm 4,7-8):

"Combati o bom combate, completei a carreira, mantive a fé. Ao fim está reservada para mim a coroa da justiça, que o Senhor, justo juiz, me dará naquele dia; e não só a mim, mas também a todos os que amarem sua manifestação".

Interpretamos essa expressão como uma forma de nos dizer que tínhamos completado a atividade com mérito, um passo significativo para a vida; porém, que também estamos sempre a caminho.

Saímos correndo e chegamos à parte de trás do Mosteiro São Paulo. Avistamos o Lucca, que nos aguardava sorridente. Tivemos um tempo de descanso e logo o jantar de Dona Lila estava pronto.

O momento das refeições era também a oportunidade de todos comentarem suas aventuras do dia. Cada um queria dizer algo do que havia descoberto durante a atividade. O tempo se tornava pouco, pois as aventuras e experiências eram muitas...

Capítulo IV

Realização

A respiração marca o tempo
e confere atenção à espera.
O olhar que se volta para o alto
dilata-se, transformando-se em fonte,
água que banha meu rosto
e mata minha sede de sentir.
Todo céu,
um infinito brilho,
dentro e ao redor de mim.

ROSA RAMALHO

DESAFIO INTERIOR O QUE NOS MOVE?

Mas o dia não tinha terminado. Lucca anunciou a atividade extra que apenas uma esquadra deveria cumprir naquela noite. A escolha seria por sorteio. A professora Sueli pegou sua sacolinha mágica com os nomes das esquadras dentro e pediu para Dona Lila, com os olhos bem fechados, tirar a sorte. A essa altura, ninguém sabia ainda em que consistia essa atividade. Desconfiávamos que seria realizada na área externa, porque o Diego estava no alpendre mexendo em alguma coisa.

Com dramaticidade, como era seu estilo, Lucca anunciou: “Esquadra Feliz, você está convocada a cumprir uma tarefa especial em nome de todo o grupo do 9º ano, que se encontra no acampamento São Paulo Apóstolo”.

Além do frio na barriga, a surpresa nos causou um arrepio, pela responsabilidade de representar a todos. Tomei a dianteira e perguntei ao Lucca: "O que temos de fazer?". A resposta me deixou mais confusa do que antes: "Nada". Retruquei imediatamente: "Como nada?". Lucca tentou se explicar: "Vocês não precisarão fazer nada, isto é, não existe nada a ser feito. Vocês só precisam estar...". "Estar!?" Continuamos sem entender... Ele completou: "Estar por três horas em vigília na área externa do mosteiro. Cada membro da esquadra guardará um lado da casa com sua lamparina".

Dessa vez, a esquadra Feliz ganhou outro nome: esquadra Medrosa. Argumentamos e quase imploramos para sermos dispensados da tarefa. Como vocês já imaginam... Não houve conversa.

Já éramos grandes o suficiente para enfrentar nossos medos, e a pose de heróis e heroínas que estampávamos em nossas camisetas precisava convencer. Por isso, estar em vigília significava que deveríamos nos manter acordados e sozinhos. Paulo montou guarda na parte de trás do mosteiro; Filipe e Gabi tomaram conta das laterais e eu fiquei com o alpendre dianteiro para cobrir.

Jamais eu havia ficado tanto tempo sem mexer em algo ou falar com alguém. Nem tínhamos nossos smartphones em mãos para nos fazer companhia. Enquanto os meus colegas de classe se recolhiam para descansar, a esquadra Feliz era desafiada individualmente.

Sentei-me no banco de madeira rústica e demorei um tempo para me aquietar. O medo que eu não quis demonstrar ao pessoal agora tinha o campo fértil para me dominar.

Qualquer barulhinho me deixava com os olhos arregalados e, com a pouca luz emitida pela lamparina acesa, eu tentava identificar qual o animal ou monstro que apareceria. Nesses momentos, minha reação era encolher-me e internamente eu gritava por minha mãe. Parece que ela escutou o meu grito silencioso e veio em meu socorro.

Não sei o que aconteceu em meu interior, mas aos poucos fui me aquietando, os monstros criados em minha mente pelo medo foram desaparecendo e comecei a observar com objetividade o lugar onde me encontrava.

De onde eu estava sentada era possível vislumbrar o reflexo do clarão da Lua no lago. A água serena me lembrou de como precisamos dela para viver. Também lembrei que o professor de Ciências nos ensinou que nosso corpo é composto de dois terços de água.

No galho de uma algaroba, que ficava um pouco à esquerda da casa, tinha uma coruja muito atenta. Seu olhar se dirigia para mim... Até parecia que ela vigiava a minha vigília. Um animal interessante é a coruja, pois, quando a maioria dos seres dorme, ela fica acordada. Tentei buscar na mente se sabia alguma explicação para o fato de elas trocarem a noite pelo dia. Não descobri. Lembrei-me apenas de que a coruja é tida como o símbolo da sabedoria. Também senti que não estava mais sozinha para cumprir a tarefa de vigiar. Deixei minha lamparina no banco e sentei-me na grama.

Os sons da natureza estavam no mesmo ritmo de minha respiração. Eu não era mais campo de domínio da ansiedade. Sentia-me calma e até me despreocupei em relação ao tempo estipulado da vigília.

Depois de observar bem o que me cercava, usando os diversos sentidos e não apenas o olhar, percebi-me com a cabeça levemente erguida e contando as estrelas com a mente. Que coisa mais interessante foi olhar o céu naquela noite no acampamento!

Na cidade, não conseguimos ver o brilho das estrelas. As luzes artificiais das casas e postes, além da camada de poluição, inibem que enxerguemos o encanto dos céus. Acho que eu nunca tinha ficado tanto tempo assim... Sem palavras, em silêncio, sentindo paz... Que beleza!

As estrelas têm brilho de intensidade diferente, conforme a distância que elas se encontram da Terra. Pensei que cada pessoa é diferente, lembrei-me de meus amigos de esquadra e gostaria de estar no pensamento ou no coração deles para saber se eles sentiam a mesma coisa que eu...

Espontaneamente, veio um sentimento de gratidão dentro de mim. Lembrei-me de meus pais e senti saudade deles. Sentir saudade é sinal de que se ama. Como eu os amo! Eu tinha vontade de abraçá-los, beijá-los e até pedir perdão por alguma travessura feita. Uma lágrima rolou pela minha bochecha e não me atrevi a enxugá-la. Esse choro não era de tristeza, mas era consolador para meu coração. Descobri-me muito amada por meus pais. Senti-me muito amada por Deus!

Não sei por quanto tempo estive ali. Retornei à realidade quando o Lucca se aproximou com meus amigos, sinalizando e falando quase sussurrando que a tarefa estava cumprida.

Entramos na casa e não falávamos. Algo interessante tinha acontecido também com meus amigos, mas ninguém se atrevia a dizer nada. Parece que não queríamos quebrar o encanto do que sentíamos. Ainda sem palavras, Lucca nos ofereceu uma caneca de chocolate quente e nos desejou boa-noite. Ele também nos liberou para levantarmos mais tarde. As outras esquadras teriam ainda uma tarefa a cumprir, mas a esquadra Feliz já tinha cumprido todas as provas.

Na manhã seguinte, ainda estávamos um tanto "estranhos"... O silêncio dizia mais do que nossas costumeiras tagarelices. Nossos monitores sabiam muito bem preservar esse estado em nós. Fomos orientados a arrumar nossos pertences e colocar um pouco de ordem na casa. Dessa vez, a esquadra Resmungona não apareceu. O sorriso estava em nossos lábios de forma espontânea e sincera. Não eram gargalhadas provocadas por alguma gozação do Paulo ou verso da Gabi. Simplesmente, vinha de dentro de nós um sentimento de alegria e paz que nos tornava cúmplices de uma experiência única.

Senhor Antônio chegou buzinando repetidamente. Ele já estava acostumado com as turmas de 9º ano depois do acampamento São Paulo. Enquanto entrávamos no ônibus, ele nos acolhia com um sorriso, cumprimentando cada um pelo nome. Agora, já éramos capazes de compreender um pouco do que tínhamos vivenciado naqueles três dias. Foram experiências para toda a vida.

VIVER: A AVENTURA MAIOR

Retornamos ao ponto onde nossa aventura tinha começado. Era final de tarde do domingo e o Sol já se recolhia, deixando o céu ligeiramente amarelado.

Estava de prontidão uma verdadeira comitiva de recepção: balões, cartazes, faixas e muitos braços ansiosos por nos abraçar. Pais, familiares e professores acolhiam-nos com alegria. Parecia que estávamos sem nos ver havia muito tempo. Logo entendemos que a recepção era parte da atividade secreta que nossos pais e responsáveis haviam recebido. E olha que eles se dedicaram nessa prova!

Eu ainda não tinha conhecimento da parte mais exigente que eles precisaram desenvolver, enquanto estávamos ausentes. Recordam que eu julguei que meus pais provavelmente estariam se divertindo com minha ausência? Pois é... Julgamento errado! Foram conclusões retiradas a partir do meu ponto de vista.

Eis o que minha mãe me contou sobre como eles viveram essa experiência da atividade secreta: "Sabe, Clara, seu pai e eu também pensamos que poderíamos voltar a ser como solteiros, sem compromisso com filhos e com a casa. O que mais desejávamos era sair da rotina, e essa era uma oportunidade que não tínhamos desde que você nasceu. Combinamos de viver livremente esses dias. Coitados de nós! Essa sensação de liberdade não duraria muito tempo. Pensar que 'se livrar dos filhos' nos traria de volta todo o sossego perdido por anos era como considerar que os filhos eram um peso em nossa vida. Isso nos angustiou. Falamos com outros pais, que sentiam o mesmo vazio, e a paz desejada não chegou com a ausência de vocês. Não tínhamos a preocupação de saber onde ou como vocês se encontravam, mas se clareava aquilo que todo pai sabe e demora para aceitar: criamos os filhos para o mundo. Eles não são propriedade nossa, não nos pertencem. Eles pertencem a si mesmos. Isso não significa que não exista amor entre nós. Na verdade, saber nos diferenciar de nossos filhos é dar-lhes o passaporte de liberdade para enfrentar o mundo, enfrentar a vida. Nós, os pais da esquadra Feliz, fomos avisados de que vocês foram os sorteados para a vigília noturna de três horas. E, também nós, cada um em sua casa, vivenciamos a vigília com vocês. Certo, foi de um modo diferente...

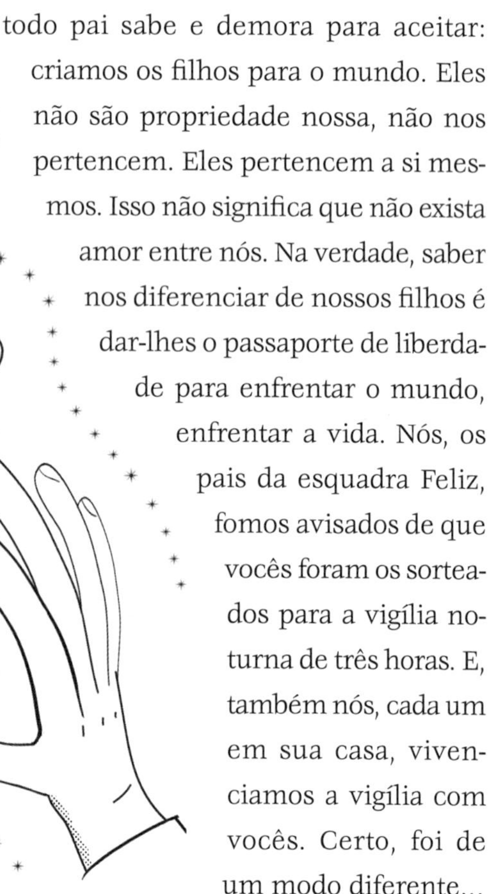

Seu pai e eu procuramos nossos álbuns de família e, nas fotos de sua infância, sentimos o quanto você trouxe vida para nós. Recordamos, com gratidão a Deus, todos os momentos alegres e preocupantes; rimos de suas travessuras e de nosso jeito desastroso ao lhe dar os primeiros banhos. Depois, buscamos nas redes sociais seus *posts*, *selfies*, e os compartilhamentos com os amigos. Então nos demos conta de quanto você cresceu. Nossa filha já é uma bela jovem, ansiosa por trilhar seu próprio caminho. Sabemos que você não está pronta totalmente. Na realidade, ninguém está pronto para enfrentar a vida. Mas basta-nos estar abertos para vivê-la!".

Depois de escutar a partilha de minha mãe, aprendi mais uma coisa, que levo comigo: de cada acontecimento, independentemente se são agradáveis ou não, podemos aprender algo. Não devemos ter pressa em entendê-los. Primeiramente, ele precisa ser assumido. Por enquanto, eu apenas sei isso como conceito. Ainda não vivi grandes experiências que me exigissem comprová-lo, mas sei que oportunidades não me faltarão.

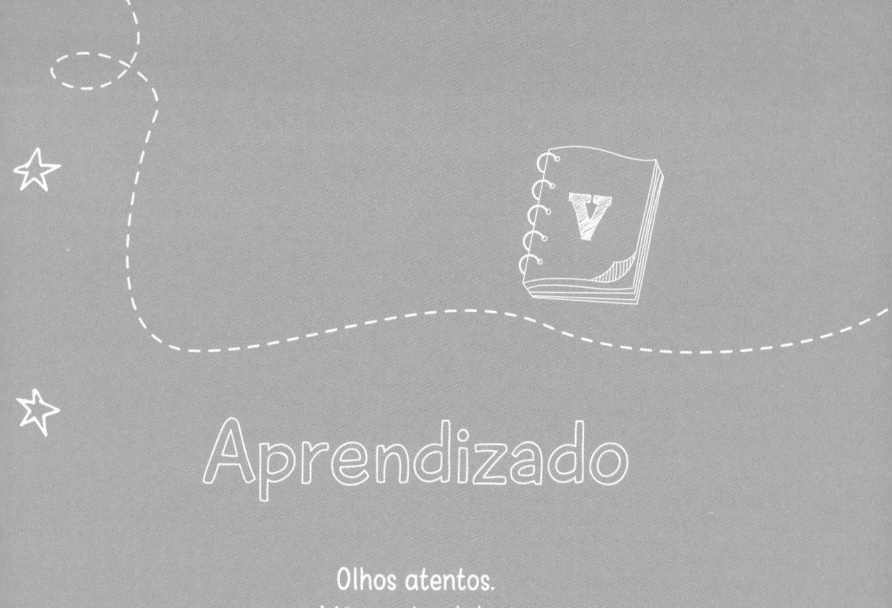

Aprendizado

Olhos atentos.
Mãos estendidas.
Ouvidos abertos.
Sentir o sabor doce ou amargo
de cada experiência.
Envolver tudo com perfume e encanto.
Sabendo que a vida é assim,
simples e sempre incompleta.

ROSA RAMALHO

REVISITANDO O ACAMPAMENTO SÃO PAULO

Já se passaram alguns anos desde o acampamento... Somos capazes de fazer uma leitura crítica das experiências lá vivenciadas. Por isso, deixo para vocês um pouco de mim.

SOBRE A FELICIDADE

Algumas vezes eu me perguntei se a esquadra Feliz fez jus ao nome... No pouco tempo de acampamento, devido às nossas atitudes, passamos de Feliz a Resmungona e Medrosa. Contudo, sabíamos que isso era provisório.

Filipe, Gabi, Paulo e eu trazíamos o anseio da felicidade, e nos demos conta de que essa se dá apenas por instantes. Assim, na vida esses instantes vão tecendo o sentido de existir no mundo.

Muitas vezes pensamos na felicidade como algo perene e nos incomodamos por isso não ser possível. Quando aceitamos que a felicidade é muito mais do que estar alegres, satisfeitos e tranquilos todo o tempo, damos um valioso passo para acolhê-la como parte da nossa condição humana e um caminho a ser construído.

SOBRE O DESAPEGO

Como filha única, eu sempre fui cercada de muita atenção e cheia de mimos. Não que minha educação tenha sido egoísta, mas as oportunidades de partilha e desapego não eram tão constantes.

A jornada do acampamento, desde o momento da convocação, conduziu-me ao exercício do desapego. Deixar o meu smartphone, minha segurança e comodidade, bem como minha vontade, foi muito mais libertador do que eu imaginava.

Aprendi com essa experiência que as coisas e até mesmo as pessoas têm sua importância e seu valor em minha vida. Porém, elas não devem ser apegos que me impeçam de crescer e trilhar com liberdade meu próprio caminho.

SOBRE O VALOR DAS PEQUENAS COISAS

Hoje sei o quanto o contato com a natureza, a ajuda com os serviços domésticos no alojamento e o silêncio na vigília foram importantes na minha aprendizagem sobre o valor das pequenas coisas.

Vivemos cercados de muito barulho e o anseio por coisas grandes nos atraem. Porém, a vida é construída com o ordinário, com as tarefas rotineiras. Os grandes fatos são exceções. Por isso, reconhecer a importância dos pequenos gestos e acontecimentos de nosso dia a dia nos ajuda a construir com solidez nossa história.

SOBRE O LIMITE

Embora seja sabido que o limite é parte de nossa condição humana, resistimos em aceitá-lo. Talvez tenha um mérito nisso, pois buscamos formas de superação.

Olhamos para nossa limitação reconhecendo que somos muito mais, somos para além de nossa condição. Enfrentamos as situações como a transpor uma fronteira. Acho que a trilha nos atraía justamente por testar o nosso limite de curiosidade, força, agilidade, sintonia da equipe, paciência e inteligência.

Não vivemos sem limites, sem medos e angústias. O limite, nosso e do outro, não é necessariamente algo a ser combatido, mas pode ser oportunidade de crescimento.

Que bom não termos sempre as respostas.
A indefinição nos abre perspectivas e nos sugere opções.
Que bom "saber que nada sabemos"!
Assim, cultivamos a alegria das descobertas
do conhecimento.
Que bom ter Deus presente em nós mesmos,
muito além do que possamos saber o que isso significa!
Que bom ter perguntas sem respostas!
Com isso nos colocamos sempre a caminho,
sempre em busca...

SOBRE O NOVO

Outra coisa que nos surpreendeu no acampamento foi a quebra de certezas e o desafio do improviso na rotina. Nem mesmo a pouca idade deixa de cristalizar algumas coisas em nós. Os "baldes de água fria" com as atividades inesperadas nos provocaram a reinvenção. E como foi gratificante o resultado obtido!

Se tudo estivesse previsto não ficaríamos orgulhosos das conquistas e descobertas inesperadas. A novidade deixou espaço para expectativa e criatividade.

Já imaginou viver sempre na monotonia e rotina das coisas predefinidas? Se tudo existisse de modo completo e o mundo não oferecesse ocasião de renascer a cada novo dia? É muito bom não termos tudo definido e deixar que as surpresas do dia nos tirem a tentação do domínio de tudo e nos possibilitem ser construtores do novo.

SOBRE A AMIZADE

O valor da amizade ultrapassa os interesses individuais. Ter com quem partilhar nossas aventuras, alegrias e dores é um dom.

Na convivência e também na distância de meus amigos aprendi que amar custa e deixar-se amar custa muito mais. Custa compromisso, custa cultivo, custa respeito... Mas não seríamos felizes se não experimentássemos o amor. Nossa vida é um caminhar juntos, uma busca conjunta, um percurso ou trilha impossível de se fazer sozinho. Viva os amigos!

SOBRE A FÉ E A ESPERANÇA

Tantas vezes escutei cantarem na igreja: "A Bíblia é a Palavra de Deus semeada no meio do povo...". Hoje, reconheço que a Bíblia é o livro para a vida. Nas histórias do povo, no encontro com Jesus e seus seguidores, colhemos valores que edificam a humanidade e, pessoalmente, me direciona à vivência da fé expressa na solidariedade, na comunhão e na esperança.

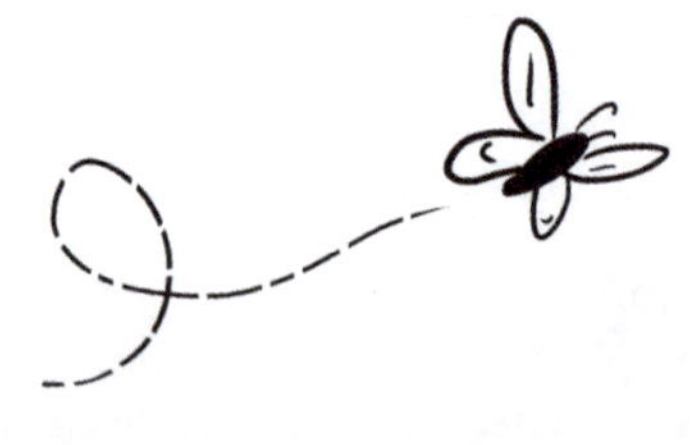

Algo a mais na esperança
A teimosia de continuar crendo
A insistência em crescer
A afronta ao medo
A confiança no pequeno
A compreensão do amor
A paciência em esperar
A luta destemida
A espera esperançosa

SOBRE O AMOR

Li em um cartaz a seguinte frase: "O amor tudo explica, mas nada explica o amor". De fato, tudo o que falarmos dele será sempre indicações, sinais ou representações do que é. Portanto, gestos de carinho, de solidariedade, de acolhida, de compreensão, de gratuidade, de amizade e respeito são formas de amar.

O amor não é algo que apenas dá satisfação. Muitas vezes, ele se revela como dor e sofrimento. Sobre isso, basta olharmos o testemunho de dedicação de nossos pais e o exemplo maior do amor de Jesus na cruz, que oferta sua vida para nossa salvação.

Os verdadeiros gestos de gratuidade e amor se manifestam nos momentos de dor e sofrimento. Não medimos o bem que recebemos ou fazemos a alguém nessas ocasiões. Geralmente, são nas situações de vulnerabilidade que comprovamos o dom de saber amar e ser amado.

Agora, já sou capaz de compreender que é na trilha da vida que experimentamos nossa aventura maior e damos nossa colaboração na História.

Obrigada por revisitar com a esquadra Feliz o acampamento São Paulo Apóstolo! Ainda vemos com nosso coração o que aprendemos naqueles três dias que nos mostraram uma nova forma de ver a vida.

Conclusão

Talvez o termo mais apropriado para esta última página seja "continuidade". Afinal, é disso que este texto fala. Continuidade expressa na descontinuidade individual ao repassar o bem valioso de experiência pessoal para o outro.

Continuidade porque aquilo que somos hoje é fruto de muitos que vieram antes de nós. A eles nossa gratidão!

Continuidade porque a própria vida oferece-nos oportunidades de dar novos passos, com o tempo necessário para aprender a receber e doar. Nada começou e nada terminará em nós.

Continuidade para além de cada um de nós, semeada com carinho e esperança de que a "herança" da trilha da sua e da minha vida será, de certa forma, assumida como parte na trilha que tantos jovens desbravarão.

Continuemos, portanto, na trilha da história da vida, o caminho nosso de cada dia!

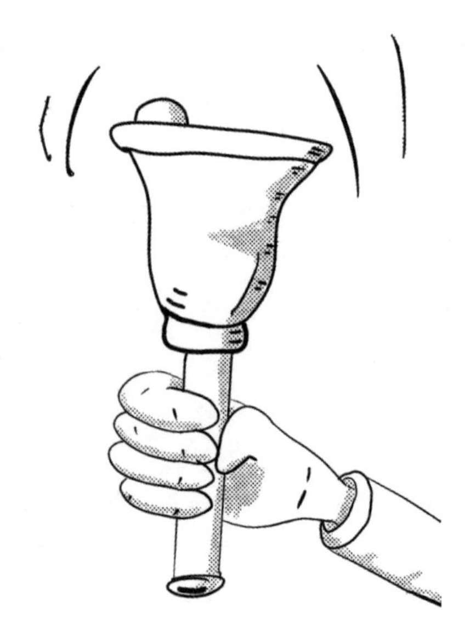

Rua Dona Inácia Uchoa, 62
04110-020 – São Paulo – SP (Brasil)
Tel.: (11) 2125-3500
http://www.paulinas.com.br – editora@paulinas.com.br
Telemarketing e SAC: 0800-7010081